THIS IS A HAPPY BOOK

Happiness

毎日、気持ちよく
寝起きできるだけで最高だね

Happy book!!

子どもの頃、

友達と鬼ごっこやかけっこした時代。

お家に帰ったら、

美味しくて温かいご飯が用意されていて、

お風呂に入って、たまにアイスなんて食べて。

歯を磨いてぐっすり眠って・・・。

遊び疲れて眠った日って、

不思議と気持ちよく寝れるし、

翌日も気持ちよく起きれる。

こんなあたりまえのことが毎日あるのが幸せだよね。

HAPPY THINKING

1

大事なことって全部
もう目の前にあるよ

ねえ、忘れてない？
幸せはとっても身近にあるんだ。
そう…いつだって目の前に。
目の前のことを大事にできる人は、
幸せで満ち溢れていくんだ。
その幸せが幸せを運んで来るんだよ。

HAPPY THINKING 2

人生は損得だけじゃないよ

損するのって嫌いかい？
子どもの頃は損得なんて考えずに、
幸せだったことがあったよね。
損得に縛られないことも大事だよ。

HAPPY THINKING 3

小さな感謝の積み重ね

感謝ひとつ、小さな幸せ。
気持ちを込めてありがとう！
小さな感謝の積み重ねが、
大きな幸せにつながっていくんだ。
世界に感謝を増やそう。
世界に幸せを増やそう。

HAPPY THINKING

4

好きなものを身にまとう

好きな物だから大切にできる。
本・服・腕時計・靴・財布。
携帯電話・パソコン・車・家具。
自分で選んだ物だから長く使える。
じっくりと丁寧に選ぶ。
好きな物で埋もれていこう。

HAPPY THINKING

5

からだを大切に

無茶したり、
傷つけたり、傷つけられたり、
苦しい想いをしていないかい？
自分のこともっと大切にね。

HAPPY THINKING 6

人は人 自分は自分

人と比べると、
自分はダメだって思っちゃう。
ネットで色んな人と繋がれて、
自分が見劣りしちゃうように感じる。
けど、そんな事ないよ。
あなたは、あなただよ。

HAPPY THINKING 7

受け入れ許す

人生には悪いときってあるよね。
そんなときこそ、
その状況を受け入れてみよう。
自分を許してあげよう。
そうすると、心が軽くなるよ。

HAPPY THINKING

8

今、やる

今日死ぬかもよ？
落ち込んでる暇なんてない。
悩んでる暇なんてない。
今からやってみよう。
あなたのやりたいことを。

HAPPY THINKING 9

「自分の幸せ」は自分の中にある

自分の外に幸せを求めると、
その幸せはいつかなくなってしまうよ。
幸せを自分の中から見つけてごらん。
そうしたらあなたはずっと幸せだよ。

HAPPY THINKING 10

幸せのかたち

幸せのかたちは人それぞれ。
かたちにこだわらなくてもいい。
なにげないことが、
幸せのかたちでもあるよ。

友人は、すべてを知りながらも
愛してくれる人間である。

エルバート・ハバード

人の長所が多く目につく人は
幸せである。

松下幸之助

たいていの者は、自分でも思いがけないほど、
素晴らしい勇気を持っている。

デール カーネギー

HAPPY THINKING
11

素直に受けとる

愛のある言動を、
あなたはちゃんと受け取ってる？
あなたはみんなに愛されてるよ。
素直に受け取ってごらん。
みんなの愛情を。

HAPPY THINKING

12

まずは、自分

目の前の人を大切にしたいなら、
まずは、自分を大切にしてごらん。
そうしたら自然と、
目の前の人を大切にできるんだ。

HAPPY THINKING 13

本気になれるのは人のこと

人の為なら本気になれる。
人が人を想うささやかな気持ち。
自分も相手も幸せになるよね。

HAPPY THINKING 14

頑張ってもいい
頑張らなくてもいい

頑張ってもいいよ。
頑張らなくてもいいよ。
そんなことどっちでもいい。
だって君は生きているだけで、
素晴らしい存在なのだから。

HAPPY THINKING 15

完璧じゃなくて良い

なんでも分かってしまう世界でも、
本当の完璧なんてないよ。
あなたが一生懸命、完璧を目指している
その過程がとても大事なんだよ。

HAPPY THINKING

16

過去を今に活かす

誰かと比べるのではなく、
過去の自分と比べよう。
過去は変えられないけれど、
過去を受け入れて、
今の自分に活かそう。

HAPPY THINKING

17

応援という幸せ

自分が応援されるのも、
自分が応援するのも、
どちらでも幸せだよね。

HAPPY THINKING

18

誰とはじめるか

どんなにすごいことをはじめるより、
誰とはじめるかだよ。
心から楽しめる相手とはじめよう。

HAPPY THINKING

19

逃げていい

本当に辛いときは、
むしろ逃げたほうがいい。
命さえあれば、
立ち直れる、やり直せる。

HAPPY
THINKING
20

シンプルイズザベスト

いろいろ考えすぎていないかい？
人生はシンプルに。
シンプルに生きよう。

幸せを数えたら、
あなたはすぐ幸せになれる。

ショーペンハウアー

E.G

世の中の人は誰でも幸せになりたいと思っている。それを手に入れる方法が一つある。それは自分の気持ちの持ち方を変えることだ。

デール・カーネギー

PHIL MAY
99

人は自分自身の幸せの考案者である。

ソロー

HAPPY THINKING 21

ありがとうの分だけ幸せにできる

幸せなパートナーシップってなに？

それって簡単。

「ありがとう」

をどれだけ言えるかだよ。

HAPPY THINKING 22

「あなた」だから

友達でも、恋人でも、家族でも。
理由ははっきりなくていい。
言葉にできないような気持ち。
そんな人がいたら幸せ。
思ってもらえたらもっと幸せ。

HAPPY
THINKING
23

幸せは手の中に

幸せはどこにあるんだろう。
いつのまにか、
遠くの幸せを目指しちゃうよね。
じゃあどこにあるんだろう？

HAPPY
THINKING
24

一緒に食べる

どんな高級料理より
ささやかな食事がいちばん。
一緒に食事をするってことは、
あなたと生きてるってことなんだ。

HAPPY THINKING 25

言葉ひとつで変わる

ネガティブからポジティブな言葉へ。
ひとこと変えるだけで気持ちも変わる。
言葉を変えて明るい未来へ。

HAPPY
THINKING
26

断る力

相手のことを思って、
自分を犠牲にしていない？
人の頼みも断ってもいいのさ。
自分の時間を大切に。

HAPPY THINKING 27

自分に優しく人に優しく

人は人の間で生きている。
自分に優しく接するように、
周りにも接してみてね。

HAPPY THINKING

28

夢があるって素敵だね

夢は生きる力そのもの。
夢があるから人は明日に向かえる。
小さな夢でも、大それた夢でも。
あなたの心に夢という栄養をあげてね。

HAPPY THINKING 29

楽しむ力

大切なのは、
どんな状況でも楽しめることだよ。
お金があってもなくてもね。

HAPPY THINKING

30

つらい経験にも意味がある

どうして今、
つらいことが起きているのか。
その意味を考えることは、
人生をよくするチャンスだよ。

幸福の秘訣は、自分がやりたいことをするのではなく、自分がやるべきことを好きになることだ。

ジェイムズ・M・バリー

人生には、二つの道しかない。
一つは、奇跡などまったく存在しないかのように生きること。
もう一つは、すべてが奇跡であるかのように生きることだ。

アインシュタイン

B.R.O
Phil May.

どんな不幸な人生からでも、利口者は何らかの利益を得る。一方、どんな幸福な人生からでも、愚か者は心を傷つけられる。

ラ・ロシュフコー

HAPPY THINKING 31

軽くしてごらん

過去にとらわれたり、執着したり、
コンプレックスを持ち続けていたり、
重いものを背負いすぎてる。
もっと軽くしてごらん。

HAPPY THINKING

32

あなたはすごい

あなたは可能性の塊だよ。
気づいていないだけなんだ。
あなた自身の可能性を信じてみて。

HAPPY THINKING 33

メディアを見る時間を減らしてみる

メディアを見る時間を1秒でも減らして
大切な自分や人のために使えたら
さらに幸せになっちゃいますね。

HAPPY THINKING 34

好きな人

生きてさえいればいい。
それだけで好きな人と出会い、
一緒に過ごすことができるんだ。

HAPPY
THINKING
35

世界の中心はあなた

自分がどう感じて、どう行動するか。
それは全部自分で決めていいんだ。
そこからあなたの世界が回りだす。

HAPPY THINKING

36

ご縁は自然に

ご縁は大切って言われるけど、
切っても良いし、切らなくても良い。
良縁なら自然と関係が続くからね。

HAPPY THINKING 37

リセット

良いことも悪いこともあったけど、
寝る前に気持ちをリセットして、
次の日をむかえよう。

HAPPY THINKING 38

やる気は後からついてくる

ともかくやってみる。
すると、楽しくなってくる。
すると、やる気が湧いてくる。

HAPPY THINKING 39

生きているだけで素晴らしい

あなたはそのままで価値がある。
あなたは生きているだけで素晴らしい。

HAPPY THINKING 40

なにげない優しさ

誰かが自分のことを想ってくれている。
普段のなにげない優しさが、
幸せだと感じさせてくれるのさ。

幸福への道はただ1つしかない。
それは、意志の力でどうにもならない物事は悩んだりしないことである。

エピクテトス

幸せの三要素は、
①自分自身が好きであること
②よい人間関係を持っていること
③人や社会に貢献していること

アルフレッド・アドラー

幸福になる義務ほど
過小評価されている義務はない。
ロバート・ルイス・スティーヴンソン

HAPPY THINKING 41

才能を信じて

ちょっと得意なこと。
それは才能っていうんだよ。
だから、人には絶対に才能があるんだ。
あなたの才能を喜んでくれる人は、
世界にたくさんいるんだよ。
才能を活かせたらもっと幸せだよ。

HAPPY THINKING

42

ため息をしたら
息を吸ってみよう

ため息つくと幸せが逃げちゃう。
ため息しちゃったら息を吸ってみよう。
「はあ～」「スーっ」て。
これで1セット。
ハッピーセットのできあがり！

HAPPY
THINKING
43

魔法の言葉

美味しいごはんを食べたときに一言。

旅行しているときに一言。

朝起きたときに一言。

この魔法の言葉を言ってごらん。

「あ～幸せ」

HAPPY THINKING 44

嫌いなことをしない

好きなことがないのなら、
嫌いなことをやめてみよう。
あなたの嫌いなことってなに？
それを一つずつやめてみよう。

HAPPY THINKING

45

好きになってみる

ほとんどの人は、
人から好かれたいと思ってる。
でも好かれない。
だって自分から相手を好きになろうと
していないんだもん。

HAPPY
THINKING
46

十人十色

赤色は、青色にはなれない。
青色は、赤色にはなれない。
あなたはあなたにしかなれない。
あなたはあなたの色でいい。

HAPPY THINKING

47

あやふやさに救われることもある

仕事、家庭、人間関係…
世の中には、
答えを出さない方がいいことが、
いっぱいあるんだよ。
実はそれが答えだったりするんだ。

HAPPY THINKING 48

お福分け

幸せはめぐりもの。
形あるものでも、形のないものでも、
人に分けた幸せは形を変えて、
あなたの元に戻ってくるよ。

HAPPY THINKING 49

生涯のパートナー

まずは自分の幸せを考えればいい。
他人のことはその後で。
生涯のパートナーである自分を、
大切にしてあげようね。

HAPPY THINKING 50

ゆるふわで生きる

なんでもゆるく、ふわっと考えてみる。
今日だけは真面目をやめてみる。
いつもよりゆっくり歩いてみよう。
いつもよりぼーっとしてみよう。
いつもよりのんびり暮らしてみよう。

幸福とは心の状態を言う。
物事をどう見るかだ。
幸福とは満足することだと思っているが、
これは金持ちであることを意味してはいない。

ウォルト・ディズニー

下を向いていたら、
虹を見つけることは出来ないよ。

チャップリン

幸福だから笑うのではない、
笑うから幸福なのだ。

アラン（幸福論）

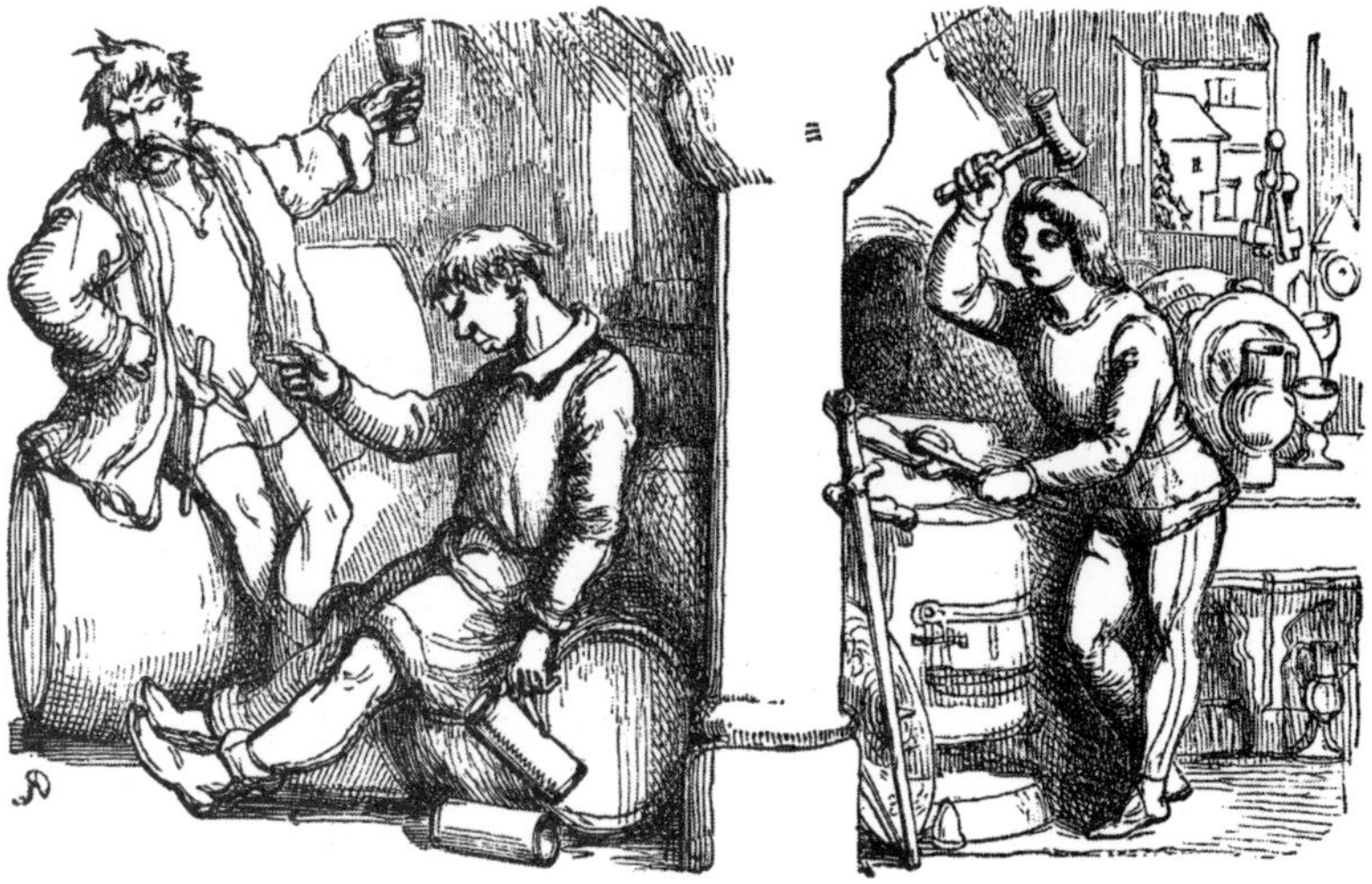

人を憎むのは、ネズミ一匹追い出すために、
家全体を焼き払うようなものだ。

ハリー・エマーソン・フォスディック

君の毎分毎分を大切にすることをおすすめする。時間のほうは時間が自分で世話をするだろうから。

チェスターフィールド卿

自分の今おこなっていること、
おこなったことを心から楽しめる者は幸福である。
ヨハン・ゲーテ

人は変われる、
いつからでも、
誰もが幸せになれる。

アルフレッド・アドラー

我々は忘れがちだが、幸せはないものを手に入れた結果なるものではなく、今もっているものに気づき感謝することで得られる。

フレデリック・ケーニッヒ

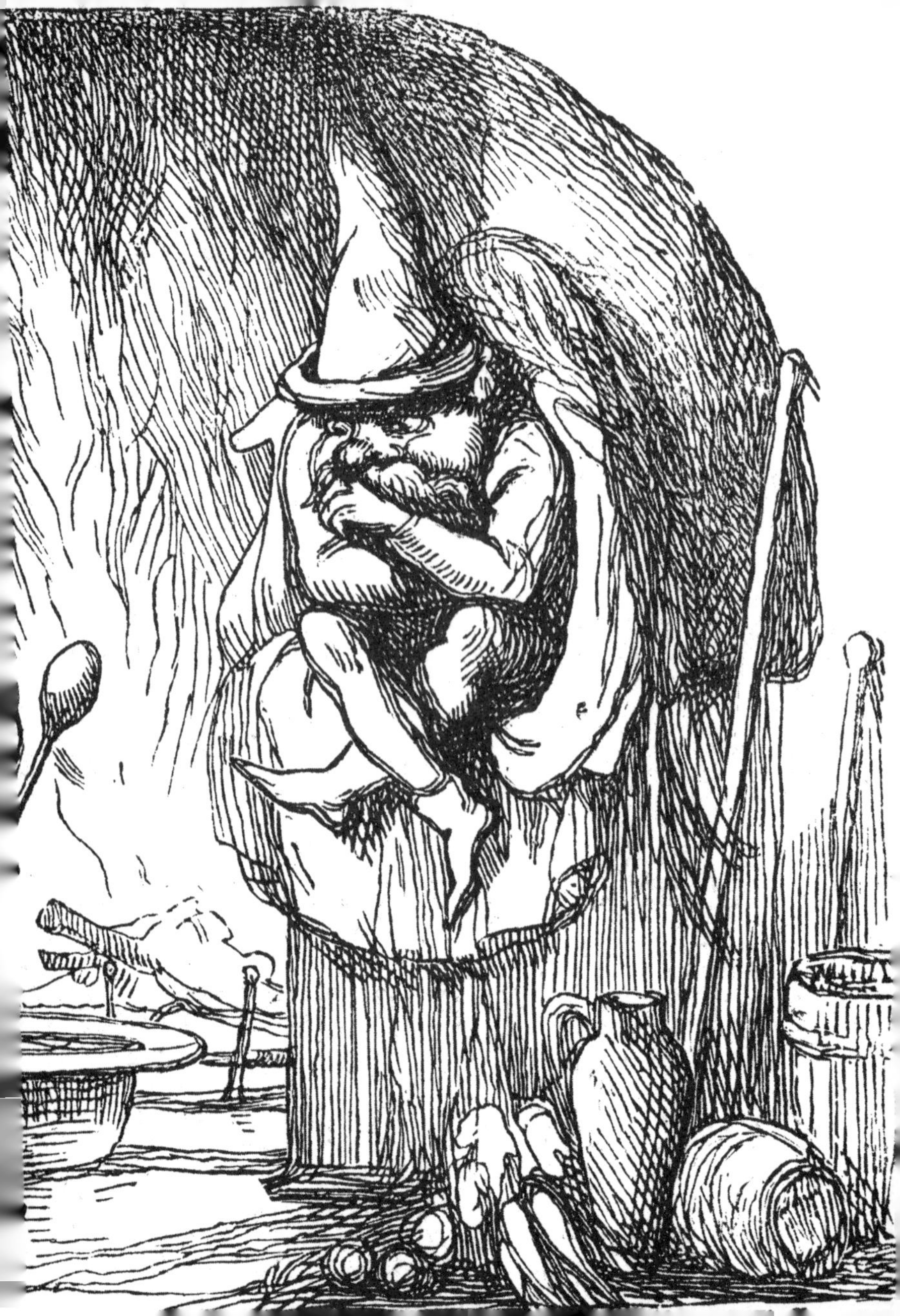

おわりに
Epilogue

最後までお読みいただきありがとうございました。

人生最後の日に、我が一生に悔いなし、と言える、
そんな幸せな人生を送りたいですよね。

この本がそのための一助になることができたのであれば著者としてこんなに幸せなことはございません。

そして、最後にこの言葉をみなさまにお届けします。


あなたには幸せしか訪れません。

あなたは最高です。

あなたは何をやっても大成功です。

だから、肩の力を抜いて、
ゆるふわな人生を送ってくださいね。

ありがとうございました。

著者一同、みなさまとお会いできることを楽しみにしております。

宗信徳志

主夫、作家、投資家。
大学卒業後、大手自動車メーカーのディーラーに営業職として入社。社内でトップセールスマンとして活躍。入社 1 年 5 カ月で退職、23 歳の若さで独立。家庭教師、塾、経理の業務委託、そば打ち、農業、経営コンサルタントなど勢力的に活動するが、健康に気遣い 1 年で廃業し、日本を放浪。その後、大手 IT 系ベンチャー企業に部長補佐として 入社。秘書、統括部長代理などを歴任。25 歳で独立・起業。ネット通販で毎月 300 万円を売り上げる。27 歳で、代表取締役に就任。お金をそれなりに稼ぐも、それだけが自分の幸せではないと考え、より良い人生とは何かを追求する「人生を良くする会」の運営を始める。現在は、主夫業に専念。家事と 2 人の息子の育児の合間に執筆、ラジオ、講演会、投資やトレーダーとして活躍している。日々、自分と家族、周りの人の幸せを追求。 著書に「死ぬ価値なんてないよ？」がある。
(本データはこの書籍が刊行された当時に掲載されていたものです)

自分の幸せってなんだろう？って
いろいろなことに挑戦して幸せを追求してきました。

幸せってどこにあるんだろう？って。
探していました。

しかしながら
ふと思い返すと
今までのすべてが私の幸せでした。

そう
私はいつも満たされていたのです。
いつも幸せだったのです。

この本は、私達の人生から
幸せの法則を紡ぎ出したものです。

ふと
幸せってなんだっけ？っとなったときに、
誰でもすぐに思い返せるような
いつでも手元に置いておける一冊になっています。

いつも心に幸せを。
ありがとうございました。

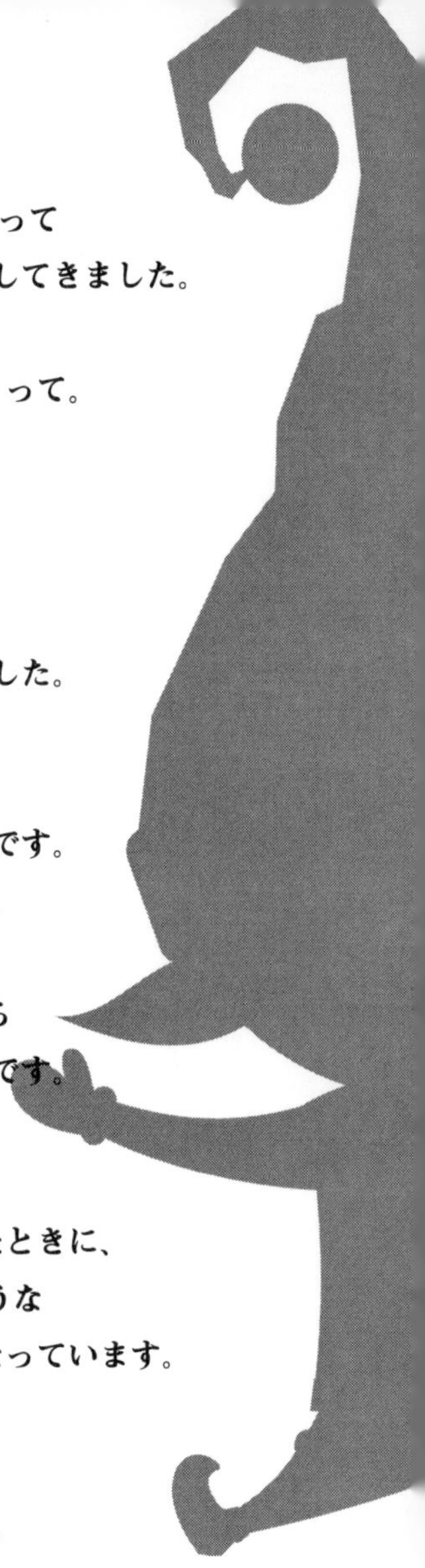

Tokushi Munenobu

ヤマシタユウヤ

兼業サラリーマン。

大学卒業後、１社を経験し現在の会社へ転職。日々の満員電車・ルーティン作業など味気ない生活に疑問を感じ、自身の進む道を探してネットビジネスの世界へ。様々なビジネスに取組み、副業のみでサラリーマン程度の年収を稼ぐ。自分の人生の充実度を上げるために始めたビジネス。そんなビジネスで不幸せになっていく環境に嫌気がさし廃業。現在は自分の人生を豊にするために新しい働き方や生き方を探すために活動中。

この本を手に取っていただきありがとうございます。
この本は僕がビジネスを通して知り合った方々と
一緒に執筆した幸せの参考書のような本です。

不思議な事に現代社会において、
自分の幸せについて理解していない人が
沢山いると思います。

私もその一人でした。
自分の幸せは自分で意識しないと手に入らない。

でもほんの些細な事で幸せは訪れる、
この本は小さな幸せを思い出す為の
補助的な役割の本です。

この本から皆さんに少しでも幸せが訪れますように。

Yuya Yamashita

近藤ダイ

トレーダー、イベントオーガナイザー、ライター。

大学卒業後に一般企業へ就職。しかし、仕事が続かず職場を転々とする。お金を稼ぐ方法を探し「投資」を始めるが失敗。その結果、借金を背負い、心の余裕も失い、人間関係が破綻。精神的に疲れ、孤独・引きこもりに。自分を変えようと、色々と挑戦し、物販ビジネスが成功。ビジネスは順調だったが、過去の人間関係で追った心の傷が原因で、再び引きこもりに。そんな時にトレードと新しい仲間に出会う。現在は物販ビジネス時代に知り合った仲間と「人生を良くする会」を運営。自分の過去の経験を活かし、ビジネスと心の在り方をラジオや書籍で発信を行う。その傍ら、趣味のボードゲームやアウトドアのイベントを企画運営など精力的に活動中。

「幸せ」ってなんだろう？

この本を書くにあたり、
自分の中で考えてみました。

僕の中で思い当たったのは、
幸せは自分の中に在って、
「こころ」が一番大切だということ。

こころが豊かであることで、
幸せだと感じられる。

そんな、こころを癒したり、励ましたり、
豊かになれる言葉たちです。

この本を手に取って、
皆さんのこころが豊かになる
そんな本になってくれたらうれしいです。

Dai Kondo

THIS IS A HAPPY BOOK

2020年5月25日　初版第一刷発行

著者：宗信徳志、ヤマシタユウヤ、近藤ダイ

編集・デザイン：髙木 勉

画像：iStock photo / Shutterstock / 他

企画：TOMORROWLAND BOOKS
〒604-0835　京都府京都市中京区御池通高宮町 219-4F
E-MAIL：info@tomsawyer.company

発行：ブイツーソリューション
〒466-0848 名古屋市昭和区長戸町 4-40
電話 052-799-7391　FAX 052-799-7984

発売：星雲社（共同出版社・流通責任出版社）
〒112-0005 東京都文京区水道 1-3-30
電話 03-3868-3275　FAX 03-3868-6588

印刷・製本　イシダ印刷

落丁本、乱丁本は送料負担でお取り替えいたします。
ISBN：978-4-434-27486-2 C0095